RENACER EN AZUL

Beatriz Copello

OTROS LIBROS DE BEATRIZ COPELLO

Forbidden Steps Under the Wisteria

A call to the Stars

Lo Irrevocable del Halcon

Beyond the Moons of August

Meditation at the Edge of a dream

Under the Gums Long Shade

Witches Women and Words

Contenido

PALABRAS VOLADORAS

Me llegan palabras después desde lejos

palomas mensajeras que encierran

la sombra de un alma que busca

eso que a veces se encuentra

 en escondidos recónditos

de un camino largo, peregrinado

por aquellos que perciben lo sutil

el calor de cuerpo sobre cuerpo

esos que no entran en moldes,

esos que rompen con reglas

establecidas por mentes

enmohecidas, con reglas anacrónicas.

Me llegan palabras que buscan

mis secretos escondidos

entre las páginas de mis libros

junto a hojas secas de mariguana

Me llegan palabras que quieren

saber que siento en mi cuerpo

cuando una lengua se encuentra con la mía

¡Si! Tengo secretos que los escribo

en un rio que escapa hacia el mar

Me llegan palabras ...

¿A QUIEN SINO A TI?

Transgresor a quien sino a ti, escribo palabras que nacen

con alas, poemas que vuelan como yo lo hago en sueños

ellas van en busca de las tuyas, no han sido escritas con tinta

sino con mis dedos sobre el teclado de mi ordenador,

mis impulsos racionales y como así también los locos pasan

de mi mente a mis manos, intuiciones flotan a mi alrededor

y el corazón se escapa gritando que es libre, pero no lo es

este encadenado a fronteras, a identidades, a conciencias,

ignorando

la realidad infructuosa que se protege construyendo una pared

de silogismos que no explican la razón de la fuerza creadora

que nos mueve, y nos guía a intuir sentimientos profundos

que alabamos y nos entregamos a ella en una vorágine platónica

y así encarcelados en las letras … las líneas … las estrofas

 vivimos amándonos en secreto desde dos mundos diferentes.

ADELANTE

Paso a paso sin los miedos,

con renovadas energías

emprendí un nuevo camino.

Día a día alce mis ojos

al azul brillante de esta tierra

y me envolví en su belleza,

deleité sin prisa las migajas

desparramadas en mi plato.

Me deje llevar por pasiones locas

enfurecidas como olas en tormenta,

el croar de las ranas me acunó,

me maravillé ante la risa

de niños dicharacheros y juguetones.

Asumí mis culpas y pedí perdón,

aprendí a amar sin esperar

a recibir sin vergüenza

a soñar sin resquemores.

Aprendí a vivir.

ADIOS

Se agita el viento

en la calle desierta

noche sin luna

polvo y polen

hojas secas

papeles quebrajados

un perro que aúlla

y a lo lejos

se escucha

una sirena

a través

de mi ventana

veo a mi hermana

que se va

nos dijimos adiós

sólo unos minutos atrás

y la veo partir

el viento jugando con su pelo

entre el polvo y el polen

sus pies pisando la hojarasca.

ADIOS A LAS AGUAS

¡Hermano pescador

espero que no comas

los pescados que hoy recoges!

¿Sabes que el rio esta casi muerto?

Aceite, nafta, mercurio, pintura y excrementos

Todo flota en una masa brillante y grasosa

que despacio viaja sobre las aguas agonizantes.

Una espuma blanca lentamente se expande

un auto quemado descansa mitad en el agua mitad en la orilla

y una banda de gaviotas pelea por unas migajas de pan.

Moscas y gusanos devoran a un gato muerto.

No hay nadadores en el rio

no hay picnics en las playas

no hay niños arrojando guijarros

para crear remolinos.

No hay un cartel que aconseje

NO NADAR

NO PESCAR

NO BEBER EL AGUA

EL RIO ESTA MUERTO

ESCAPAR

Les dije adiós

a mi pasado,

a mi ciudad

a mis amigos

a los muertos.

Envolví

en papel de seda

mis memorias

mis esperanzas

e ilusiones

y di rienda suelta

a mis ansias de vivir.

así

tú la querías y has llorado por ella

las ofrendas más ricas tú le ofrecías

pero ella las rechazaba   versos le escribías

le decías que ella era como una fruta tropical

que te deleitabas acariciando su piel

sedosa como la de un durazno

murmurabas que sus besos eran deliciosos

 como el jugo de piña, le jurabas tu amor

pero ella no escuchaba   nunca te había querido

nunca había percibido tu verdadero ser

un ser con un espíritu límpido   refulgente

donde la maldad no existe y sus palabras son poesías

pero no desesperes amor yo estoy aquí

para borrar tu dolor para saciar tu sed de amor

encierra el pasado entre las páginas de un libro

y dame la mano   caminemos juntos

en esta selva de palabras versos y sueños

AVENTURA DE AMOR

Polvo de estrellas

 cuentos de hadas

dormilones rayos de luna

que besan un sueño muerto

confidentes e incansables olas

que acarician un corazón quebrado.

Canto

hay guerra en su interior y huye

se esconde en la soledad de calles desiertas

oscuros pensamientos crean un abismo

entre él y el mundo, busca pero no encuentra,

el amor se escapa como una gacela perseguida

por un implacable león, no hay besos que aplaquen

sus deseos ni agua que apaguen su pasión

el viento del sur barre sus pensamientos

que como hojas secas vuelan buscando libertad

una libertad que sólo existe en la imaginación

donde delfines coloreados bailan disfrazados de angeles

la mente apenas vacila y espera pacientemente

alegran a aquellos que creen en dioses y hadas

camina solo … su vivienda la tierra, su techo

 el cielo, perseguido duerme y sueña

con un diablo pintado de verde y con gusto a sal.

EL AUSENTE

Te llamo en mis sueños

y grito tu nombre buscando

tu esencia, pero tú no respondes

la noche sólo me acaricia

con su velo de estrellas

me despierta el dolor de mi alma

me agita la soledad e imagino

tu sonrisa tu prestancia tu bonhomía

no hay recuerdos no hay pasado

ni siquiera hay futuro

pero si hay poesía si hay amor.

DESPEDIDAS

Ridícula agonía

en la memoria

lúcida y callada

de un invierno

que murió

manos entrelazadas

temblor de labios

transpiración

piel contra piel

dedos, uñas

líneas que marcan

un futuro que no existe

partida sin adiós

besos …

que nunca nos dimos

reproches …

que nunca se hicieron.

escondido un sueño

entre tu presencia

y mi partida

y nos miramos

sin más ni más.

ADIOS A LAS MEMORIAS

Olor de Navidad

pinos y jazmines

nochebuena

misa de gallo

 y la abuela

sirve el pavo

larga espera

por los regalos

bajo el árbol

navidades

del antaño

noche

llena de ilusiones

muñecas y trenes

juegos de té

mecanos y ositos.

paquetes y más paquetes,

están todos:

el tío gruñón

la tía con el lunar con pelos,

el primo gordo,

la prima con pecas,

la tía rubia, la madrina,

los mellizos, y la viuda de José

los suegros, los consuegros,

la comadre y los compadres

brindis, pan dulce y sidra

burbujas que hacen pestañar

navidad de hace una eternidad.

ADIOS A LA INFANCIA

Jugamos juntos

sobre el patio

de baldosas grises

y nos vio crecer

la sombra de un ombú.

Horas compartidas

en siestas calurosas,

carreras de autitos

las bolitas y a veces

las escondidas …

y tu mamá y la mía

gritos nos daban

para hacernos callar,

era la siesta sagrada,

jugábamos

en tu casa o la mía

y saltábamos

el alambrado del fondo

dónde habíamos descubierto

que había algo

que vos tenías

y a mi me faltaba.

ADIOS A MI PATRIA

Patria de glorias pasadas

 y próceres dormidos

revancha del olvido

y se desentierran los muertos

al pie del camino.

Manos juntas

dolor y rezos,

madres que buscan

a los desaparecidos.

Volver …

Tus calles teñidas de sangre

picana y garrote

cuartel y celda

pan seco

dientes picados

zapatos raídos

de la mano

con opacas ilusiones

Volver …

Mendigos, pordioseros

niños con hambre

esperanza perdida

resentimientos y pena

y el sol sólo brilla

en el centro de la bandera.

Volver …

Callejones de tierra

techos de lata

mate cocido sin leche

guerra de hermanos

entrañas desgarradas

Volver …

ESPERANZA

Sé que volveré

sé que vos me esperas.

Paraná, río grande

de aguas turbias,

La Florida,

calle Córdoba,

la bajada Puzzio.

Volveré …

me hundiré

en tus noches húmedas

y caminaré buscando

a mis amigos que tal vez

ya se hayan muerto.

Monumento a la bandera,

La Fluvial,

Coctail Elena.

Volveré …

Dulce de leche

Medialunas y Carlitos,

mesas en la vereda

y autos que se deslizan

por Pellegrini y San Martin.

Volveré ......

la Comedia, el Radar,

el Odeón y Café Augustus,

y entre el ruido

de platos y copas

escucharé la jerga

de mi ciudad.

En cada esquina,

hay pibes que gritan

¡La Capital! ¡El Patoruzú!

¡La Prensa! ¡La Nación!

Volveré a oler

las rosas del Parque Independencia,

a misa de once en la Catedral

¡Volveré!

Y correré y caminaré

y buscaré entre edificios nuevos

a el Normal de Señoritas,

La Cultural, La Favorita.

Volveré…

a poner flores

a los muertos olvidados,

a leer bajo el jacarandá

a entristecer

en tu gris otoño

y a renacer en tus veranos

volveré, Rosario, volveré …

DIME POETA

¿Que es esa nube negra que te cubre

que ese es ese dolor que te agobia?

¿Quién te ha herido poeta

y gran daño te han causado?

A través de las distancias

yo percibo tu dolor y me acongoja.

¿Dime, que mano te ha privado

de sus caricias y negado sus besos?

¿Te han también robado

el cariño de tus hijos?

Déjame decirte Poeta

lo que no se puede cambiar

se acepta, vive y olvida

sueña nuevos sueños

ama como nunca has amado

levanta ese velo que te cubre

deja que las estrellas iluminen

tu camino y aunque pises piedras

no te dejes vencer tu tienes el poder

de ver la belleza de este mundo.

Poeta aun tienes tus brazos.

EL ARROYO WOLLI
Sídney Australia

Un arroyo se desliza

besando las delgadas

y ondulantes Totoras

que adornan sus costas

lugar que invita e inspira.

Se interrumpe el silencio …

chirridos de murciélagos,

pájaros que cantan y llaman.

Una lagartija se escapa

bajo rocas milenarias

o tal vez es una víbora

despertando de su siesta.

La ciudad se extiende y crece

invadiendo la naturaleza, mas

sus intenciones de ahogar

el arroyo Wolli ha fracasado.

Se gano la batalla

para salvar este pedazo

de tierra y agua que da vida.

Sin darse cuenta de la lucha

la naturaleza respeta su mandato

vistiendo a la tierra de bellezas.

EL AUTO BLANQUITO Y LUSTROSO

La chica un auto quería comprar,

había visto uno en una yarda al pasar.

"Un Morris Minor", le dijo al marido.

"Un auto blanquito y lustroso.

Pronto, pronto lo quiero comprar."

Y el marido, sin protestar,

el auto blanquito y lustroso,

le compro de bondadoso.

"Mañana sin falta, vamos a manejar -

sin nervio me tienes que enseñar!"

y el marido sin pestañear,

ni siquiera protestar,

a la esposa la llevo a pasear.

Ella al volante se creía Fangio,

y el hundido en el asiento,

suspiraba y por dentro temblaba.

"¡Hay que pesar! ¡No por la izquierda!

¡Deja a ese auto pasar!

¡Cuidado! ¡Cuidado!

¡Un viejito, lo vas a matar!"

"No! No en la calzada. No hagas Cagadas."

Ella le daba palmadas. " Cálmate! Cálmate!"

"Esto es como tomar mate!"

Y la chica con su auto nuevito y lustroso

a la carrera se echaba

y que era lo que no atropellaba:

palomas distraídas, gatos perdidos,

arbolitos tiernos, tachos de basura,

y el auto blanquito y hermoso

pronto perdía su estructura. "¡No metas Patas!"

Gritaba el marido. "Cuidado que nos matas."

Y paciente le enseñaba, hasta que un día

se largó sola a manejar sin ninguna mañería

por allí por Fairfield que era una romería,

su hermana la acompañaba,

y ella sus habilidades demostraba.

De pronto ven una rueda pasar.

"Mira algún tonto perdió una rueda!"

dice la chica: "Que mala cueva!"

le contesta la hermana.

Y en un pestañar todo se columpio

y un tembleque furioso, las hizo gritar -

la rueda que pasaba … era del auto blanquito y lustroso.

Una tarde la chica noto

Que el auto precioso, estaba más que ruidoso,

Que ruidos extraños. Parecían gritos de huraños.

Pero no se preocupó, porque su filosofía era:

los autos, como a los hombres mañosos

hay que ignorarlos, ya que son caprichosos.

Esa noche, tarde, muy tarde a su casa

del trabajo cansada la chica regresaba.

Subía una cuesta, con la maquina a todo vapor

de pronto se asusta, hay que horror:

un cana, un paco, la policía se acerca.

Ella para, se hace la lesa y le sonríe dulce.

"¿Es esto aun auto o un tanque de guerra?"

le pregunta el milico con cara de pico.

Ella sin titubear, en su mejor Ingles le contesta:

"Este es un auto blanquito y lustroso,

"¿Que hermoso … verdad oficial?"

"Hermoso? Horroroso son los ruidos que mete,

no sabe usted que a la paz y al silencio arremete?

Su licencia por favor," le ladra.

Y con paciencia espera

a que ella su cartera abra.

"Aquí está mi licencia oficial,

mi licencia de conducir."

El milico mira la tarjeta extraña,

y sin sonreír le pregunta:

de donde saco esta licencia de engañapichanga.

"En Argentina," le dice la chica.

"No estoy divina en la foto?"

Le pregunta al paco flirteando con las pestañas meneando

"Señora, boleta y multa le doy.

Su auto es una ruina y casi no camina.

 Ud. sin licencia maneja y esa tarjeta no tiene vigencia."

Asustada la chica se queda callada,

Y sin más ni más el paco se va.

Nerviosa se pone a manejar y con pena se queja

de la multa que pronto tiene que pagar.

Al volante de nuevo, a las tres cuadras se olvida

de a multa injusta y podrida,

Y a toda velocidad le da por la vecindad,

cuando de pronto una curva aparece -

"¡Rece, Rece!" con miedo se dice,

porque el auto de costado se mece,

se desplaza, gira, una, dos, tres veces,

La chica pierde el control. "Hay no! ¡No!"

Los frenos no responden. Gira. Gira.

No se comporta el auto como corresponde

y a la carrera se desenfrena, hacia el buzón de la esquina.

A los pocos segundos, la chica y el auto blanquito y lustroso

patas pa arriba terminan. Cuando la ambulancia llega

a los paramédicos les pega cuando la quieren llevar

 no quiere dejar solo a su auto blanquito y lustroso,

 "Me lo van a robar," con dolor dice bajito.

"Su auto mi niña, parece que ha estado en una riña,

nadie va robar este autito, por que no vale un pito!

dice el hombre que arrastra la camilla

y con ligereza le pone una mascarilla.

Y la chica llora quedito, al dejar solo

a su auto hermoso y blanquito

¡Pero qué pena! ¡Ya no está más lustroso!

EL BOSQUE DE EUCALIPTUS
Parque Nacional Kinyega, Australia

Adornados con cicatrices de fuego

con memorias del ceremonial

del humo, el pasado indígena

como un velo cubre

el bosque de eucaliptus

que poco a poco

in silencio muere.

Hojas secas, ramas negras

adornan la triste tierra roja

y un rio cansado

con espíritu de aventura

se siente encerrado

entre aquí y quien sabe donde.

EL EMBRIGADO

El se dice ser prisionero

su carcelero tal vez imaginario

o tal vez real o es el mismo

el que se ha atado sus manos

atrás de su espalda curvada?

¿Quizás es el demonio del alcohol

que lo tiene en cautiverio?

Su tristeza se refleja en sus ojos

pero pretende ser feliz

no solo lo delata su mirada

sino su estampa de hombre vencido.

Hay sombras que lo persiguen

formas que lo atoran en su jaula

pero el sigue con su acto

de ser dueño de si mismo.

EL ENCUENTRO DE LOS RIO

Donde el rio Murray se encuentra con el Darling

una mujer descansa en un parque desierto.

Sentada sobre el pasto seco

ella observa las aguas marrones

donde la polución no acarrea esperanza

a los pueblos del interior,

pueblos sin juventud o futuro.

Con tristeza sus ojos miran
más allá del Murray y del Darling,

la tierra gastada, erosionada

ella presiente, la seca de los lagos

las planicies volviéndose tundras

la flora moribunda, los peces envenenados.

Donde el Murray se encuentra con el Darling

ella suspira mientras las gaviotas

buscan comida dentro de una bolsa plástica.

Significado

Paz - la solución

para esos que sufren

las violaciones de la guerra

Paz - la respuesta

para aquellos que buscan

la terminación de conflictos

Paz - la solitaria plegaria

del prisionero político

que desespera en su celda

Paz - la palabra desconocida

en esos niños que nacen

en países desgarrados por las luchas

Paz - la bandera blanca

que flamea en las mentes

de humanos con honor

Paz - una ilusión

para esos que buscan

libertad e independencia

Paz - un sueño ardiente

para esos que albergan

amor en sus corazones.

EN EL MUNDO DE DANTE

Como en una escena de Dante

donde el fuego y el calor

consumen las pasiones

un hombre ha entrado

a un lugar para almas perdidas

donde los muertos

esperan el juicio final.

II

Yo había por muchos años

compartido mi cuerpo y alma

con un ser, un ser

que descubrí más tarde

era yo

reflejada en el espejo.

III

Verdad cubierta

por un lino

blanco.

Verdad de la *stigmata*

en un hombre que descansa

eternamente en soledad.

Verdad sin duda,

de un callado pecador.

Verdad sobre el precio,

que pagó por la vida que llevó,

como un pañuelo

en el bolsillo derecho   de su elegante traje sastre.

IV

¿Tienen los muertos frio?

¿Tienen los muertos penas?

¿Tienen los muertos hambre?

¿Tienen los muertos ansias de vivir?

Murió mi imagen reflejada en el

espejo

velo su ausencia

V

Otoño

tal vez la estación

cuando envejecen los espíritus

tal vez la estación

cuando las pasiones duermen

otoño …

EN EL PATIO

Jugamos juntos

sobre el patio

de baldosas grises

y nos vio crecer

la sombra de un ombú.

Horas compartidas

en siestas calurosas,

carreras de autitos

las bolitas y a veces

las escondidas …

y tu mamá y la mía

gritos nos daban

para hacernos callar,

era la siesta sagrada,

jugábamos

en tu casa o la mía

y saltábamos

el alambrado del fondo

dónde habíamos descubierto

que había algo

que vos tenías

y a mí me faltaba.

ENEMIGOS DE LA HUMANIDAD

El impostor juega a ser salvador—utilizando

poderío y fuerza bruta, marcha pretendiendo

desterrar al demagogo, desparramando balas

violando mujeres, humillando al prisionero.

Ciegos los necios que los vanaglorian

Enredadas maniobras/ madeja de engaños

¿Quién se atreve a buscar la punta de la hebra?

¿Qué valiente empuñará su pluma o su espada

para defender a los inocentes y a los débiles?

Quien calla tiene culpa. Quien apaña es cómplice.

Injustos y aprovechados los que se asocian

a la pantomima — farsa de liberación.

RENACER

Ella a vuelto a soñar

se han abierto sus ojos

y ve esa luz que ilumina

sus días y noches solitarias.

Eran frágiles sus pensamientos

y sus pasos temerosos

porque le daba miedo la vida

deseaba morir ser un espíritu

ser viento ser hojas ser flor

Escribía cartas a los muertos

les preguntaba si eran felices

se sentía bacía como las botellas

de vino que bebía, pero así

sin más ni mas todo cambio

fueron palabras las que abrieron

su ataúd y abrió las puertas

al misterio, la fantasía y el amor.

ESCOMBROS

Cascotes uno sobre el otro

tumbas que encierran silencio

lagrimas que riegan el polvo

mudas palabras que rezan

a todos aquellos que olvidamos.

ESENCIA

Soy un árbol, una flor,

una ola turbulenta

agitada por el viento

yo soy sol y desierto.

Yo sigo a la vida con coraje

como una impertinente

sombra pretensiosa.

El polvo divino en mi

es tu polvo ancestral,

mi sangre, mis células,

y la perpetua esencia

esencia que compartimos.

… y tu dolor es el mío

como es el espacio

que nos separa y nos une,

porque no existen las distancias

entre los espíritus, solo

en átomos donde se chocan

los neutrones … los protones,

y la vida es eterna y

la muerte una metamorfosis,

y de nuevo yo soy

el león que devora al ciervo

y soy el ciervo tímido

comido por el león.

Yo vuelo alto moviendo

mis alas elegantes

flamencos en formación —

creando una nube roja.

Yo soy un pez japonés

escondido en un bosque acuático

esperando a mi presa.

Yo soy una bailarina balinesa

perseguida por fantasmas y diablos

mis pequeños pies flotan

sobre un escenario

que pretende ser arrozales.

En el campo de la existencia

Soy un rey, un poeta, un pobre,

un maestro, un soñador,

un solitario pordiosero,

un huérfano,

un tirano.

Yo soy todos ellos,

hasta que la muerte

cautelosa me alcanza

entonces de nuevo me convierto

en árbol, en animal,

en perfume, en una roca,

una estrella,

Un sueño, soñado por alguien

soñado en alguna parte

en este infinito universo.

espacio

la nada …

ausencia de materia

dualidades de la eternidad

existencia y no existencia

más allá de la energía

más allá de la vida.

pozos negros

que se tragan universos

soluciones al azar

que llenan el vacío perpetuo

de esta soledad que perdura

ESTAR CON ELLA

Ahora que mi madre ha partido

y no esta más en este mundo

la busco intensamente y la encuentro.

¡Si! La encuentro dentro de mí,

hoy yo soy ella … su voz yo escucho.

Ella me recuerda las recetas olvidadas

y se enoja cuando mi casa descuido.

Cuando lloro me aconseja:

"Nada puede ser tan malo,

todo lo puedes resolver

con paciencia y fe en ti misma."

Y cuando estoy en encrucijadas

o conflictos me murmura:

"Sigue tu intuición hija, deja

que tu luz interna te guie."

Con amor me aconseja

que corra detrás de mis sueños

y cuando me siento envuelta

en soledad y tristeza me grita:

"Ya deja de estupideces,

tomate un vino y sal

a disfrutar con tus amigas."

EVITA ... VOS ERAS MI DIOSA
Aprendí a leer con tu nombre

y descubrí que para vos

los niños éramos

sin duda los privilegiados.

Admiré tu belleza

tú estampa de reina

tú poder sobre las masas.

Vos eras la madre

de los descamisados,

la luz de los pobres,

la esperanza del obrero!

Que dolor al escuchar

que algunos te odiaban,

incluso mi padre y mi abuelo.

¿Como podía ser cierto

esas cosas horribles

que de vos se decían?

¿No dabas acaso tu vida

por todos nosotros?

¿No habías fundado

un palacio de juegos

para chicos con hambre?

Yo había leído

que vos trabajabas

desde que el sol salía

hasta que la noche caia.

Vos eras un hada

que milagros hacías

 a diario mandabas

juguetes, pelotas, libros

y todo aquello que

con humildad te pedían.

Mi mamá que en secreto

también te quería

me contaba que tu vida era

una lucha constante

por aquellos marginados.

… y lloramos, mi mamá y yo

… y lloramos, sin que nadie nos viera

¡Lloramos cuando vos te fuiste!

FANTASIA
Fantasía efímera

gloria y éctasis

quimera perdurable

razón o traición?

Percepciones que perdura

mientras ella se esconde

entre los ciegos,

camina con la cabeza alta

hacia un future

que se desvanece,

un futuro encerrado

en guerras de poder.

Todos se han olvidado

como pedir perdón.

Ella se hace luna,

se disfraza de lago,

más tarde de árbol, de fruta,

a veces de hoja

otras de semilla,

semilla que no cae

en suelo fértil.

Ella lo ha dicho todo,

sus palabras se han congelado

en sus labios secos

y por dentro se lamenta

del loco que lucha

por la razón de los pueblos libres.

HACERME HOJAS

CANCION

Quiero ser hojas

ser parte de un árbol

sentir las caricias del viento

quiero ser verde ...

CAPRICHO

Camino por

calles

desiertas

calles

bordeadas de

arboles

abrazo un

tronco y

escucho

su savia que

me da

consejos

me dice no

OTOÑO

temas, no caigas.

Los meses pasan,

las estaciones

los días... y sueño

sueño que soy libre,

soy como un guijarro

que se desliza en el fondo de un rio

soy una estrella dueña

de si misma, mis pies

no están petrificados

 soy hojas que el viento remolina

dudas muertas inseguridades

enterradas en el barro

Decisiones esperanza preguntas ...

HACIENDOSE MUJER

Campanas, címbalos y castañuelas

abanicos, plumas y sombreros

una capa roja en la mano del torero

la muerte asustada escapa

la vida se viste de encaje

y una niña, finalmente

se hace mujer.

INCERTIDUMBRE

¿Qué se encuentra al doblar la esquina?

Un secreto en las manos de los dioses

y los espíritus juegan a la rayuela

mientras los humanos sufren

¿Qué se encuentra al doblar la esquina?

Posibilidades iguales: amor y odio,

dolor y placer, paz y caos.

¿Qué se encuentra al doblar la esquina?

INCOGNITO
Yo había por muchos años
compartido mi cuerpo y alma

con un ser, un ser

que descubrí más tarde

era solo mi imagen

reflejada en el espejo.

INSTANTES

envuelta en el manto de la noche

me escape de una pesadilla

perseguida por mis fantasías

acusada por mis sentimientos de culpa

sin vergüenza trate de esconderme

bajo la luna poblada de sombras

corría   no respiraba   el pánico me invadía

desde mi escondite negué mi existencia

más tarde aprendí a confrontar mis fantasmas

mientras su lengua escribió

en la palma de mi mano "te quiero"

LA CAJA DE LACA
El esperaba mi visita,

prisionero de su enfermedad

había dejado la vida

ya hacia mucho tiempo

era sólo una carcaza

con la piel fina como un papel

él que había sido el rey del baile

o mejor dicho la reina del baile.

buenmozo, joven, gay, poeta …

Sus versos lo habían abandonado

sus palabras secas como su boca.

La habitación oscura y húmeda

Olía a muerte y soledad.

cuando entre en la habitación

ví que tenía una caja negra

 apoyada contra su pecho.

Pensé: una caja que guarda secretos

tal vez cartas de su amante, su testamento,

sus alhajas? "¿Que tienes en la caja?" Le pregunté.

Sonrió, una mueca de dolor y respondió

"Esta caja es de laca, ves en la tapa hay un fénix

tallado en madre perla, quiero que aquí

mis cenizas entierren. Le miré a los ojos

y ya no vi muerte sino vida.

LA MONTAÑA CRADLE
Tasmania, Australia

Madre e hijo, montaña que acuna aguas

y guarda secretos de un pasado milenario

impregnado en la tierra y los bosques.

El espíritu de aquellos que vivieron en el pasado

quedo impreso en sus manos pintadas en las rocas.

Rocas que son testigos de la destrucción

de estos lugares vírgenes y sagrados

para los primeros habitantes de esta isla.

El silencio se rompe, llegan turistas

con sus mochilas, sus cámaras y su ambición

de absorber la belleza del lugar. De a poco

todo se corrompe, bolsas plásticas

flotan en el rio, envases desechados cubren

la roja arenilla. Asustados por las voces y los pasos

los pájaros se esconden, los pademelones se escapan,

solo el viento no se espanta y sigue soplando.

La Poesía
El quiere escuchar esa voz

que le dice que escribir

la lengua en su mente esta muda

las palabras congeladas

como una brizna de hierbas

en el invierno del norte

el reza al dios que tiene

prisionera a sus estrofas

y ha anclado sus líneas

en el rio de su imaginación

no surgen frases

al borde de la consciencia

los significados perdidos

el propósito oscurecido

como el interior de sus zapatos

el trata en vano

de crear de dar forma

la pantalla pestañea

espera espera espera

que sus dedos dancen

sobre el teclado

pero su cerebro muerto

ahogado con simbolismos

con metáforas, con imágenes,

con sátiras y figuras retoricas.

¿A el crítico matado al poeta?

MORTUOUS EST

le había dicho adiós
moria …

sin sus besos ni sus palabras

pero también vivía

vivía como una sombra

escondida entre las paginas

de un libro viejo y sucio

el recuerdo de su cuerpo

sobre el suyo la atormentaba

como a un pájaro que perdió su nido

en la oscuridad de su dolor

buscaba luz buscaba sol

y derramaba gemidos

que escapaban libres

quería extender sus brazos

y encontrarlo pero solo el air

un aire agrio y rancio

la confrontaba sola sola sola

tan sola había quedado

era una planta seca

que nadie regaba

y Moria de a poco

regalando su vida

en cada memoria

LLEGADA

Fue casualidad o destino

fue intuición o curiosidad

ocurrió así sin más ni mas

un encuentro inesperado

pero arrasador

como un viento en la tormenta

temeroso como un niño

perdido en una multitud

y juntos crearon palabras

que surgieron como el fuego

en una lámpara de aceite

como la nieve que cae

silenciosa pero que cubre todo

con su sutil manto.

... Y él en su jaula

... ella en la de ella

dieron luz a mensajes del alma

manos
extiende tus manos

para acariciar este

sueño imposible sabes

detrás de una cortina

se esconden deseos locos

pero riega este amor

como a una planta

para que sus ramas lleguen

al cielo y sus raíces

se arraiguen a la tierra

tal como lo han hecho

nuestras mentes

ahora
que tentativos fueron

nuestros primeros encuentros

donde aprendimos a amar estos cuerpos

que estaban enrollados en cadenas oxidadas

que inocente fueron nuestros impulsos

que tensos   rígidos   cautelosos

pero pronto aprendimos entre beso y beso

nuestras lenguas se unieron y crearon poesías

tus deseos fueron míos y los míos tuyos

nos entregamos a un conocido juego

juego apasionado en el que fuimos

sólo uno

NUMERO EQUIVOCADO

Ridícula agonía

en la memoria lúcida

de un invierno que murió

manos entrelazadas

temblor de labios

transpiración, dedos,

palmas - líneas que marcan

un futuro que no existe

partida sin adiós

besos … que nunca nos dimos

reproches … que nunca se hicieron.

escondido un sueño

entre tu presencia y mi partida

y nos miramos sin más ni más.

NIHIL SUM
la tinta se secó en el tintero

y las palabras se ahogaron

en la soledad de una niña

solo las hojas continuaron

su caer en los vientos de otoño

reclamo el pasado en sus sueños

embellecidos por la fantasía

de su ansiosa mente

quería ser pero no existía

había sido creada en papel

nacida de la imaginación

de un poeta que se inspiraba

en la soledad de su cuarto humilde.

QUERIA SER
Desde que nació lo vistieron de azul,

apenas caminaba cuando le enseñaron

a patear una pelota, pero el quería

la muñeca de su hermana.

Nunca había podido llorar

por qué le habían dicho

que los hombres no lloran.

Llego a adolescente y se odiaba

su pecho chato, su busto no crecía,

el deseaba mamas grandes como aquellas

que lucían sus amigas en la escuela.

Un día, cuando nadie había en su casa

busco un vestido de amplia falda

y se lo midió frente a un espejo,

le dio angustia su osadía

pero le gustaba tanto su imagen

que le saltaron lágrimas de alegría.

Inesperadamente entra al cuarto

su madre que había regresado

y lo encuentra luciendo su solera,

le pregunta así sin más ni más

"¿Descarado, tú quieres ser mujer?

"Si" le responde sin vergüenza.

sus palabras
poeta que fantasías locas

me despiertan tus palabras

ellas florecen como los eucaliptus

después de los fuegos

palabras que son

son aguas tormentosas

que no aplacan las pasiones

son sueños imposibles

muertos antes de nacer

imaginaciones escondidas

en un rincón de la realidad.

sin embargo me dejo entrar

en ese mundo hecho realidad

por tu desbordada creatividad

tus poemas son caricias

son canción, son romero

son salvia y azúcar

que sazonan mi vida

SALIDA DEL SOL

En cada despertar mi alma se regocija

y la salida del sol ilumina mi camino

siempre llevo en mi cara una sonrisa

quiero alegrar al que me mira

digo palabras bonitas a quien me habla

no critico o chismeo y no politiqueo

no escucho sandeces y no me asusta el futuro

vivo día a día ayudando al que puedo

ruego por los accidentados y los heridos

la vejez no me aterra enfrento la vida

cara a cara y le abrazo al que me da cariño

y entrego mi corazón a aquel que me ama.

silencio
una montaña que esconde sueños

distancias que se convierten en barreras

tiempo que pasa como un rio que fluye

eventos   gente   fe   esperanza

                    caminos que

               conducen

                  a un lugar

               que no existe

                  edad marcada

               en la cara

                  líneas de la

                  vida

expresión de emociones-

     sufrimiento

dolor y placer, una bolsa

que guarda sentimientos de culpa

nunca nada

pasa - soledad

perdida en un

tubo

la mente

revela secretos

crea reglas

dice mentiras

perfectas emociones

emociones que calman los deseos.

sed   sed   sed

rumores,

murmullos

se escuchan

detrás del

telón

que acaba de

bajar

el público

esta mudo

las palabras congeladas de nuevo

TAL VEZ
Los días pasaron y el tiempo pasó.

memorias que, como cuchillos,

tallan ventanas en la mente

como todo era … como todo es.

Dolor

dolor que pasa

esperanza que encuentra

puertas cerradas

el pasado se convierte

 en un tapiz rico

que hebra a hebra

se fue deshilachando,

y queda una última hebra

que cuelga de una tela

gastada, enmohecida

no reciclable …

Memorias coloridas

por fantasías que ella

convierte en versos.

TIEMPO

Tiempo, tiempo anudado a mi garganta

que como un pañuelo de seda que uso en otoño

tiempo que se convierte en la telaraña de mis sueños

tiempo que me aleja de mi realidad.

Momentos, minutos, segundos, instantes

en que viajo por la vida sin vivir

y extiendo mis manos para tocar

lo inalcanzable, lo lejano, lo imposible.

Y tiemblo cuando las campanas de la iglesia suenan,

y cada célula de mi piel absorbe el sonido.

Yo escapo, corro, me encierro

en un espacio donde el tiempo no existe

donde el dolor es una fantasía

en la mente de un loco que cree en dios.

Y vivo en ella- mi mente

donde la luz es tenue y cálida

donde los acusadores no llegan

donde la culpa no me toca

donde el tiempo nunca pasa

o me convierte en prisionera.

CUIDADORA DE NIÑOS
Madres pagadas

madres por ocho horas

madres que no dan amor

niños que despiertan llorando

porque sufren pesadillas

nadie hay quien acalle el dolor

que traen los terrores de la noche

niños que se les fuerza a tragar

comidas sin hambre.

Juguetes compartidos

ropas donadas por caridad

risas y gritos - inocencia

patio de recreos.

TRISTEZA

Que tristeza me acecha

en esta tarde solitaria

agobiada por el peso

de esta vida que

sin tregua me llevo

por el camino no buscado.

La razón de vivir

se me escapa como

un pez escurridizo

y sin embargo arrojo

un anzuelo a las memorias

gratas de la infancia

a los sueños, a la esperanza,

a los proyectos de niña

soñadora y fantasiosa …

Y aún quedan hebras

de sombras escondidas

de un futuro hilvanado

con canas blancas

y con sabor a penas.

YO
no soy señorita

que se pasa las tardes

rezando el rosario

no cruzo las piernas

para que no se tiente el diablo

no me molesta usar epítetos

que hacen sonrojar a otros

vivo la vida a mi gusto

no sigo reglas caducas

establecidas por iglesias

ni las de aquellos que se creen

de gran estirpe y modelos

en una sociedad en decadencia

no me importa el qué dirán

ni lo que la gente piense de mi

hago lo que quiero

y no le pido permiso a nadie

te cuento le di una bofetada

a la sociedad cuando

me case con una mujer

Si, así soy ... Y que

IMPOSIBLE
"Imposible, no podemos parar

la guerra en Ucrania

las guerras son buen negocio."

"Imposible, no podemos salvar

la selva de Brasil, necesitamos

las tierras para criar vacas,

vacas que serán hamburguesas."

"Imposible, no podemos perdonar

la deuda financiera de Sudamérica."

"Imposible, tenemos que seguir

produciendo petróleo para los autos,

para las fábricas, para producir más y más."

"Imposible, no más refugiados

ya tenemos bastante en detención."

"Imposible" una palabra en los labios

de seres insensaticos, egoístas y ambiciosos

seres que rehúsan ver la realidad.

"Imposible" una excusa débil y cruel.

ANIMALIA DECIMATI

Filete de perro con salsa kimchi

                        delfines cubiertos de bolsas

plásticas

ballenas enredadas en las redes de pescadores

                        cerebros de monos en venta

en el mercado de Wuhan

cura para la impotencia con cuernos de rinoceronte

                        caballos salvajes

condenados a muerte

koalas quemados

                        canguros baleados

osos buscan comida en tarros de basura

                        murciélagos sin arboles

ratas envenenadas

                        abejas envenenadas

mares vacíos

gallinas apretujadas en

jaulas

ovejas asfixiadas en barcos

vacas embarazadas todo el

año

el final de los terneros el asador

marfil en demanda

caparazón de tortuga muy codiciada

visones terminan en

tapados elegantes

langostas hervidas directo a su plato

ostras que se comen

vivas

el virus corona disfruta por que los destruidores

humanos están en el menú

9 789395 224406